Молитва «Отче Наш»

« Отец наш на небесах.»

Мы молимся Богу. Он наш любящий Отец на Небе

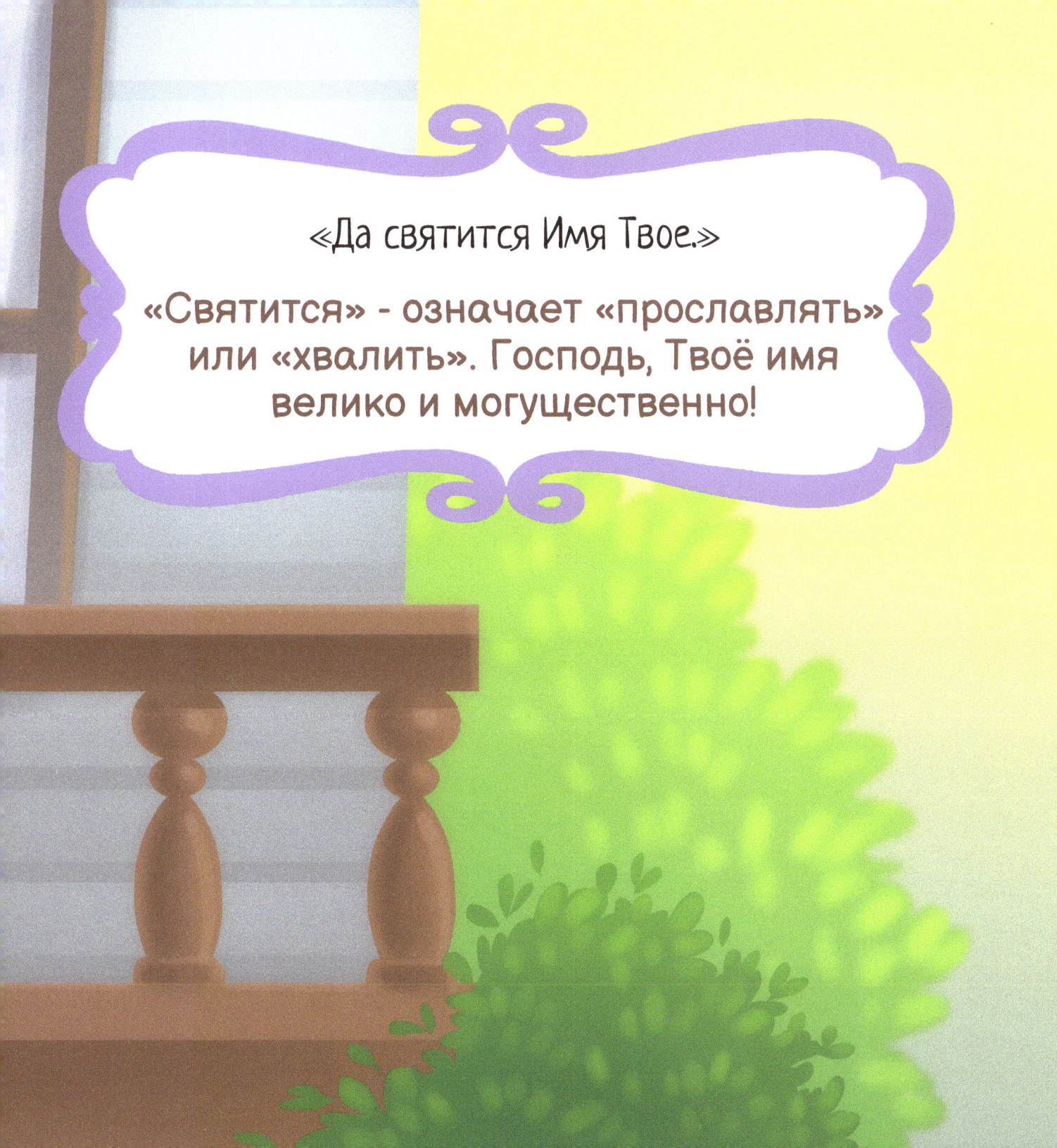

«Да святится Имя Твое.»

«Святится» - означает «прославлять» или «хвалить». Господь, Твоё имя велико и могущественно!

«Да придёт Твоё Царство,»

Царство Бога - это реальность, в которой ты ощущаешь доброту и любовь.

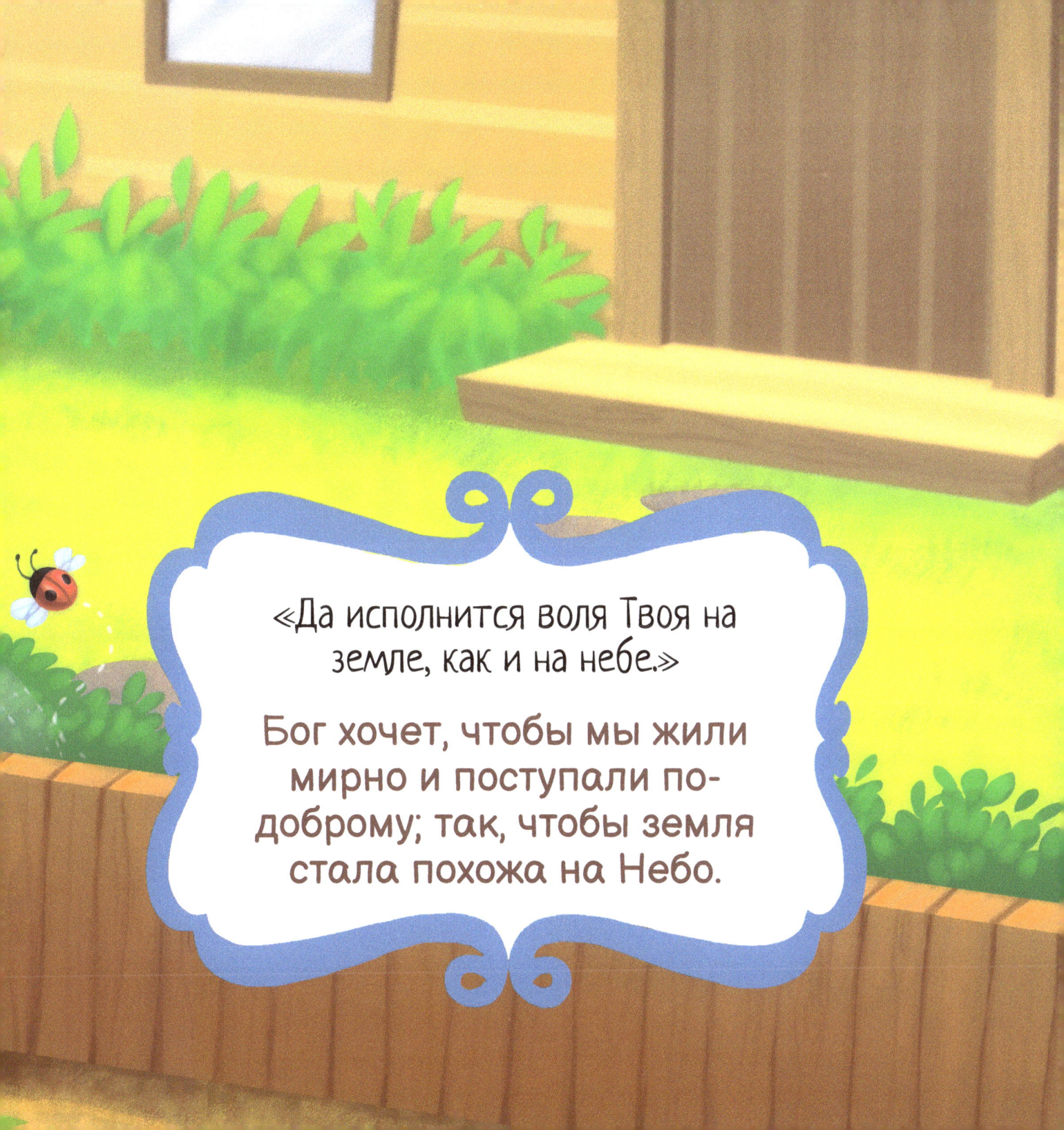

«Да исполнится воля Твоя на земле, как и на небе.»

Бог хочет, чтобы мы жили мирно и поступали по-доброму; так, чтобы земля стала похожа на Небо.

«Хлеб наш насущный дай нам на сегодня.»

Мы доверяем Богу: каждый день Он даст нам все необходимое для жизни.

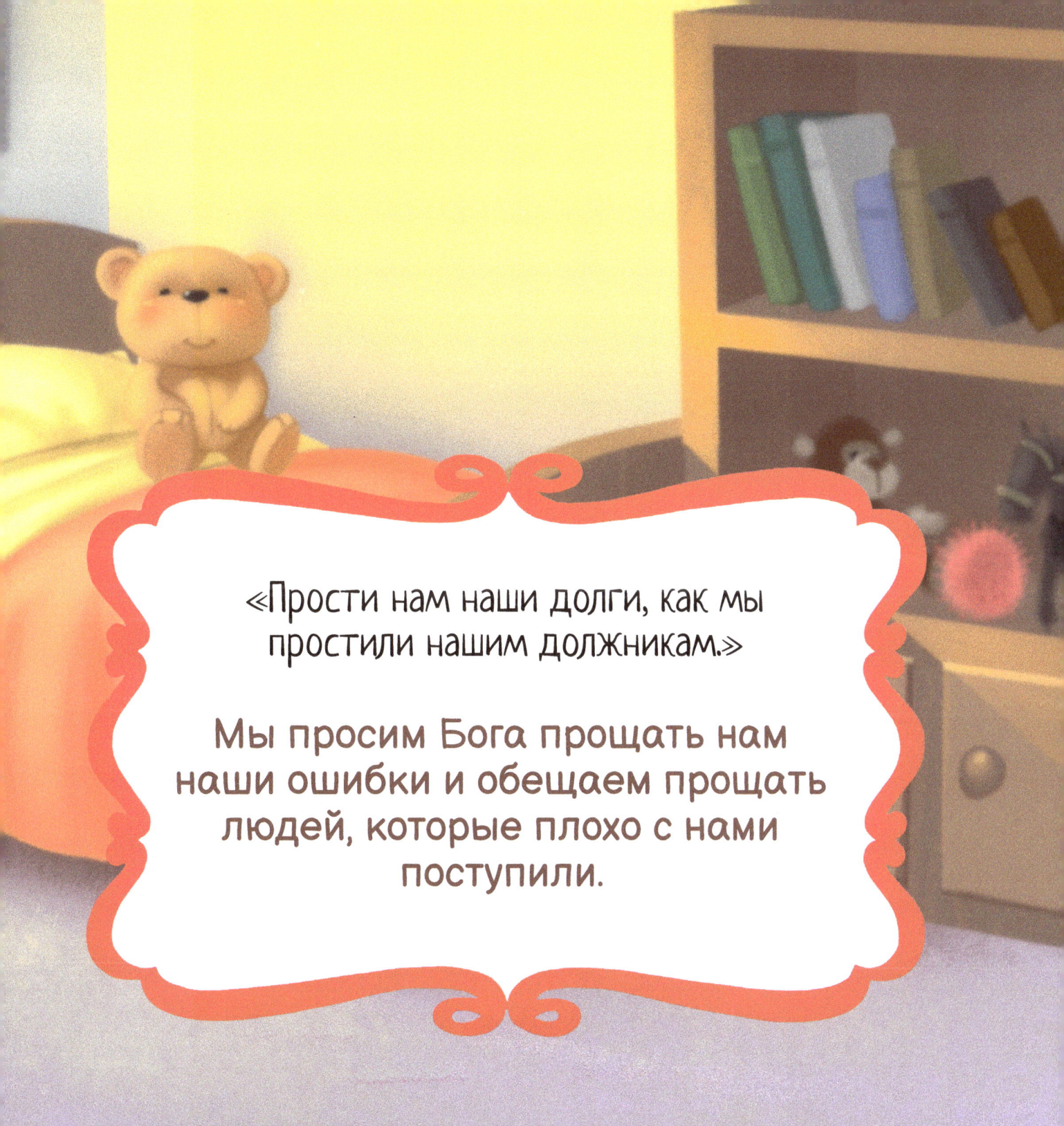

«Прости нам наши долги, как мы простили нашим должникам.»

Мы просим Бога прощать нам наши ошибки и обещаем прощать людей, которые плохо с нами поступили.

«Не дай нам поддаться искушению, но избавь нас от лукавого.»

Мы просим Бога помочь нам поступать правильно, даже если это нелегко.

«Аминь.»

«Аминь» значит «пусть будет так» или «это правда, и я согласен с этим.»

Вот несколько молитв, которые можно читать в течение дня.

«Спасибо, Бог, за отдых ночью,
И за приятный утра свет,
И за еду, и за заботу
За все, что радость нам несёт.»

Помоги нам делать
все, что мы должны.
Помоги нам быть
добрыми с людьми
Помоги нам оказать
больше им любви,
и в работе, и в игре.

Боже мой, мне помоги
Посильней Тебя любить.
Будь со мной всегда, весь день,
Как в работе, так и в игре.

Бог на Небе, услышь меня
Заботься обо мне в течение дня.
Подскажи, как мне поступать,
И моим родным пошли
благодать.

Дорогой Бог,
Благослови друзей моих,
Маленьких и больших.
Помоги нам любовь проявлять,
чтобы в этом Тебе подражать.

Бог, Ты велик и Ты добрый!
Спасибо за эту еду.
Твоя рука нам пищу дает;
Спасибо за насущный хлеб.

Спасибо за прекрасный мир,
И за пищу на столе.
Спасибо за пенье птиц.
Спасибо Бог за все Тебе.

Прошел наш день и я себе напоминаю,
Что с нами Ты. Спасибо, что Ты рядом.
С Тобой мне нечего бояться.

Спасибо Иисус,
Ты здесь в этот вечер,
За мной наблюдаешь.
Как тёплое одеяло,
Меня согреваешь,
И это мне приятно.

Я ночью мирно отдыхаю
И в руки Твои себя вручаю.
Меня всю эту ночь храни,
И завтра утром пробуди.

Благослови меня, Иисус, и охраняй.
Защити меня, когда я засыпаю.
Позволь мне увидеть сладкие сны;
И дорогих моих храни.

 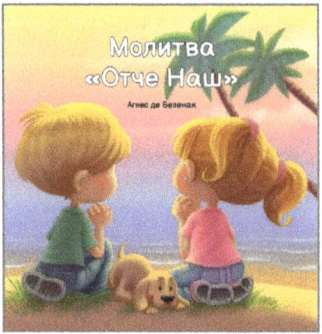

Больше книг в этой серии:

  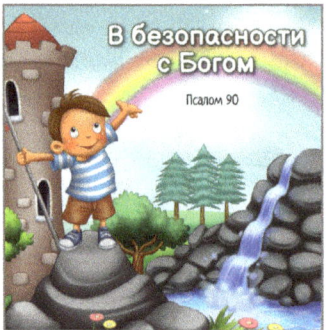 

Опубликовано iCharacter Ltd. (Ireland)
www.icharacter.org
Составлено Агнес де Безенак
Перевод: Наталия Феррейра
Авторское право 2020.

www.icharacter.org

Авторское право © 2020 iCharacter Ltd. Все права защищены. Никакая часть этой книги не может быть воспроизведена в любой форме или любым электронным или механическим способом, включая системы хранения и поиска информации, без письменного разрешения издателя или автора, за исключением случаев, когда рецензент может процитировать краткие отрывки, использованные в критических статьях или в рецензии.

www.ingramcontent.com/pod-product-compliance
Lightning Source LLC
Chambersburg PA
CBHW040012080526
44586CB00028B/2977